Preeti Rathi

Teoria da computação

Preeti Rathi

Teoria da computação

ScienciaScripts

Imprint
Any brand names and product names mentioned in this book are subject to trademark, brand or patent protection and are trademarks or registered trademarks of their respective holders. The use of brand names, product names, common names, trade names, product descriptions etc. even without a particular marking in this work is in no way to be construed to mean that such names may be regarded as unrestricted in respect of trademark and brand protection legislation and could thus be used by anyone.

Cover image: www.ingimage.com

This book is a translation from the original published under ISBN 978-620-7-65312-6.

Publisher:
Sciencia Scripts
is a trademark of
Dodo Books Indian Ocean Ltd. and OmniScriptum S.R.L publishing group

120 High Road, East Finchley, London, N2 9ED, United Kingdom
Str. Armeneasca 28/1, office 1, Chisinau MD-2012, Republic of Moldova, Europe
Printed at: see last page
ISBN: 978-620-8-01611-1

Índice

Capítulo 1: Introdução à Teoria da Computação

1.1 Visão geral da computação

- **Definição e explicação**: A computação é o processo de efetuar uma sequência de operações de acordo com regras bem definidas (algoritmos) para obter um resultado desejado. Engloba processos naturais e artificiais.

- **Computação Natural vs. Computação Artificial**: A computação natural refere-se a processos que ocorrem na natureza (por exemplo, processos celulares), enquanto a computação artificial envolve sistemas criados pelo homem (por exemplo, computadores).

- **A computação como um processo**: Envolve entradas, processamento através de algoritmos e saídas.

Desenvolvimento histórico da computação

- **Dispositivos computacionais antigos**: As primeiras ferramentas, como o ábaco e as calculadoras mecânicas (por exemplo, a calculadora de Pascal), foram fundamentais para a evolução da computação.

- **O advento dos computadores mecânicos e electrónicos**: A transição dos computadores mecânicos para os electrónicos constituiu um marco significativo, com invenções fundamentais como o ENIAC e o UNIVAC.

- **Marcos importantes**: Desenvolvimentos importantes incluem a invenção do transístor, o desenvolvimento de circuitos integrados e a criação da Internet.

Conceitos-chave em computação

- **Algoritmos**: Procedimentos ou fórmulas passo a passo para resolver problemas. As caraterísticas essenciais incluem a clareza, a finitude e a eficácia.

- **Estruturas de dados**: Formas de organizar e armazenar dados para acesso e modificação eficientes. Os exemplos incluem matrizes, listas ligadas, árvores e gráficos.

- **Linguagens formais**: Sistemas de símbolos e regras utilizados para construir enunciados. A sintaxe refere-se à estrutura, enquanto a semântica diz respeito ao significado.

Modelos de computação

- **Autómatos finitos**: Máquinas abstractas simples utilizadas para reconhecer padrões a partir de um alfabeto.

- **Autómatos pushdown**: Mais poderosos do que os autómatos finitos, capazes de utilizar uma pilha para fornecer memória adicional.

- **Máquinas de Turing**: Máquinas abstractas que manipulam símbolos numa fita de acordo com um conjunto de regras. Fundamentais para o conceito de computação algorítmica.

- **Computadores quânticos**: Máquinas que utilizam fenómenos quânticos-mecânicos para efetuar operações sobre os dados, podendo resolver certos problemas mais rapidamente do que os computadores clássicos.

Aplicações da computação

- **Ciência da Computação e Engenharia de Software**: Desenvolvimento de software, algoritmos e sistemas.

- **Criptografia e segurança**: Proteger a informação através de encriptação e protocolos de segurança.

- **Inteligência Artificial e Aprendizagem Automática**: Criação de sistemas que podem aprender e adaptar-se a partir de dados.

- **Biologia computacional**: Aplicação de técnicas computacionais a problemas biológicos, como a sequenciação de genomas.

- **Ciência de dados e Big Data**: Analisar e interpretar grandes conjuntos de dados para descobrir padrões e percepções.

Fundamentos teóricos

- **Lógica e técnicas de prova**: Essencial para o raciocínio formal e a verificação de algoritmos.

- **Teoria dos conjuntos e funções**: Base para definir colecções de objectos e as suas relações.

- **Indução matemática**: Um método para provar propriedades de estruturas definidas recursivamente.

Objectivos do estudo da teoria da computação

- **Compreender os limites da computação**: Determinar o que pode e o que não pode ser computado.

- **Análise da eficiência computacional**: Avaliar o desempenho de algoritmos em termos de tempo e espaço.

- **Conceber algoritmos eficientes**: Criação de algoritmos com bom desempenho dentro das restrições de recursos.

- **Exploração de novos paradigmas computacionais**: Investigação de novas abordagens, como a computação quântica e a computação de ADN.

Principais áreas da teoria da computação

- **Teoria dos autómatos**: Estudo de máquinas abstractas e dos problemas que podem resolver.
- **Linguagens formais**: Exploração da sintaxe e semântica de linguagens

formais.

- **Teoria da Computabilidade**: Investigação dos problemas que podem ser resolvidos por computadores.
- **Teoria da complexidade**: Estudo dos recursos necessários para a resolução de problemas computacionais.

Importância e relevância actuais

- **Impacto na tecnologia moderna**: A computação é parte integrante de várias tecnologias, incluindo smartphones, Internet e sistemas de software avançados.
- **Papel na descoberta científica**: Os modelos e simulações computacionais são cruciais em domínios como a física, a química e a biologia.
- **Implicações éticas e sociais**: Questões como a privacidade dos dados, o enviesamento algorítmico e o fosso digital realçam a necessidade de uma utilização responsável da tecnologia computacional.

1.2 Importância e aplicações Importância da computação

- **A base da tecnologia moderna**: A computação é a espinha dorsal de várias tecnologias que moldam o nosso quotidiano, desde os smartphones à Internet.
- **Avanço da ciência e da investigação**: Os métodos computacionais permitem simulações complexas, modelação e análise de dados, impulsionando o progresso em domínios como a física, a química, a biologia e a economia.
- **Impacto económico**: A indústria tecnológica, impulsionada pelos avanços na computação, contribui significativamente para a economia global, promovendo a inovação, a criação de emprego e a melhoria da produtividade.
- **Resolução de problemas e otimização**: A computação fornece ferramentas e técnicas para resolver problemas complexos, otimizar processos e tomar decisões informadas em diversos domínios, como a logística, os cuidados de saúde e as finanças.

Aplicações da computação

- **Ciências informáticas e engenharia de software**
  - **Conceção de algoritmos**: Criar algoritmos eficientes algoritmos eficientes para resolver problemas computacionais.
  - **Software Desenvolvimento**: Criação de aplicações de software fiáveis, escaláveis e de fácil manutenção.

- Programação de sistemas: Conceber e implementar sistemas operativos, compiladores e outro software ao nível do sistema.

- **Criptografia e segurança**

  - **Encriptação Algoritmos**: Proteção de dados através de protocolos de comunicação seguros.

  - **Protocolos criptográficos**: Garantir a integridade dos dados, a autenticação e o não repúdio.

  - **Análise de segurança**: Avaliação e atenuação de vulnerabilidades em sistemas de software e hardware.

- **Inteligência Artificial e Aprendizagem Automática**

  - **Algoritmos de aprendizagem automática**: Desenvolvimento de modelos que aprendem com os dados e fazem previsões ou tomam decisões.

  - **Natural Natural Processamento**: Permitir que as máquinas compreendam e gerem linguagem humana.

  - **Visão por computador**: Permitir que os computadores interpretem e processem informações visuais do mundo.

- **Biologia computacional**

  - **Genómica**: Análise das sequências genéticas para compreender as funções biológicas e os mecanismos das doenças.

  - **Proteómica**: Estudo das estruturas e funções das proteínas através de ferramentas computacionais.

  - **Bioinformática**: Integração de dados biológicos através de técnicas computacionais para fazer avançar a investigação médica.

- **Ciência dos dados e grandes volumes de dados**

  - **Análise de dados**: Extração de conhecimentos significativos de grandes conjuntos de dados utilizando métodos estatísticos e computacionais.

  - **Modelação preditiva**: Construção de modelos para prever tendências e comportamentos com base em dados.

  - **Tecnologias de grandes volumes de dados**: Desenvolvimento de plataformas e ferramentas para processar e analisar grandes quantidades de dados de forma eficiente.

- **Engenharia e Simulação**

  - **Análise de elementos finitos**: Simulação de fenómenos físicos em engenharia para prever o comportamento em várias condições.

  - **Desenho assistido por computador (CAD)**: Criação de modelos 2D e 3D pormenorizados de produtos e estruturas.

- **Robótica**: Conceber e programar robôs para realizarem tarefas de forma autónoma ou semi-autónoma.

- **Economia e finanças**

  - **Algorítmico Negociação**: Utilização de algoritmos computacionais para executar transacções a alta velocidade e frequência.

  - **Gestão de riscos**: Análise e mitigação de riscos financeiros através de modelos computacionais.

  - **Análise de mercado**: Estudo das tendências do mercado e do comportamento dos consumidores através da análise de dados.

- **Entretenimento e multimédia**

  - **Jogos de vídeo**: Desenvolvimento de experiências de jogo interactivas e imersivas.

  - **Computação gráfica**: Criação de efeitos visuais realistas para filmes, jogos e realidade virtual.

  - **Processamento de meios digitais**: Melhoria e transformação de áudio, vídeo e imagens utilizando técnicas computacionais.

- **Telecomunicações**

  - **Conceção e otimização de redes**: Garantir redes de comunicação eficientes e fiáveis.

  - **Processamento de sinais**: Analisar e modificar sinais para melhorar a qualidade da comunicação.

  - **Comunicação sem fios**: Desenvolvimento de tecnologias para comunicações móveis e por satélite.

- **Ciências do Ambiente**

  - **Modelação climática**: Simulação de sistemas climáticos para prever alterações e impactes futuros.

  - **Monitorização ambiental**: Utilização de ferramentas computacionais para registar e analisar dados ambientais.

  - **Desenvolvimento sustentável**: Aplicar a computação para otimizar a utilização de recursos e minimizar o impacto ambiental.

Tendências futuras e aplicações emergentes

- **Computação quântica**: Exploração de novos paradigmas computacionais que prometem acelerações exponenciais para determinados problemas.

- **Tecnologias Blockchain e Distributed Ledger**: Revolucionando a confiança e a transparência nas transacções e na gestão de dados.

- **Internet das Coisas (IoT)**: Permitir que dispositivos inteligentes e interligados recolham e troquem dados.

- **Sistemas autónomos**: Tecnologias avançadas para automóveis de condução autónoma, drones e outras máquinas autónomas.

- **Realidade aumentada e virtual**: Criação de experiências imersivas que combinam os mundos digital e físico.

1.3 Conceitos e definições fundamentais Algoritmos

- **Definição**: Um algoritmo é um conjunto finito de instruções bem definidas para executar uma tarefa ou resolver um problema.

- **Caraterísticas**: Clareza (cada passo é enunciado com precisão), finitude (termina após um número finito de passos) e eficácia (pode ser realizado com operações básicas).

Estruturas de dados

- **Definição**: Formatos organizados para armazenar, gerir e manipular dados de forma eficiente.

- **Exemplos**: Matrizes, listas ligadas, pilhas, filas, árvores, grafos, tabelas de hash.

- **Importância**: Permitir o acesso, a modificação e o armazenamento eficientes dos dados.

Línguas formais

- **Definição**: Um conjunto de cadeias de caracteres (sequências de símbolos) definidas por regras específicas utilizadas para comunicação ou computação.

- **Componentes**:

  - **Alfabeto**: Um conjunto finito de símbolos.

  - **Cadeias de caracteres**: Sequências finitas de símbolos do alfabeto.

  - **Língua**: Um conjunto de cadeias de caracteres sobre um alfabeto.

- **Tipos**: Linguagens regulares, linguagens livres de contexto, linguagens sensíveis ao contexto e linguagens recursivamente enumeráveis.

Autómatos

- **Definição**: Modelos matemáticos de computação que descrevem a forma como as cadeias de entrada são processadas para produzir resultados ou decisões.

- **Tipos**:
  - **Autómatos finitos (FA)**: Modelos simples com um número finito de estados

utilizados para reconhecer linguagens regulares.

- **Autómatos de empurrar (PDA)**: Extensão de FA com uma pilha, usada para reconhecer linguagens livres de contexto.
- **Máquinas de Turing (TM)**: Máquinas abstractas com uma fita infinita, capazes de simular qualquer algoritmo.

Gramáticas

- **Definição**: Sistemas formais que descrevem a sintaxe das línguas através de regras de produção.
- **Componentes**:
  - **Símbolos não terminais**: Variáveis que representam conjuntos de cadeias de caracteres.
  - **Símbolos terminais**: Caracteres reais do alfabeto.
  - **Regras de produção**: Transformações de símbolos não-terminais em combinações de terminais e não-terminais.
  - **Símbolo de início**: Um símbolo especial não terminal a partir do qual a produção começa.
- **Tipos**:
  - **Gramáticas regulares**: Correspondem a línguas regulares.
  - **Gramáticas livres de contexto gramáticas (CFG)**: Correspondem a linguagens livres de contexto.

Computabilidade

- **Definição**: O estudo dos problemas que podem ser resolvidos por algoritmos e dos problemas que estão fora do alcance das soluções algorítmicas.
- **Conceitos-chave**:
  - **Decidibilidade**: Se um problema pode ser resolvido por um algoritmo que pára em todas as entradas.
  - **Indecidibilidade**: Problemas para os quais nenhum algoritmo pode decidir a solução para todas as entradas (por exemplo, o Problema de Halting).

Complexidade

- **Definição**: O estudo da eficiência dos algoritmos em termos de tempo (a rapidez com que são executados) e de espaço (a quantidade de memória que utilizam).
- **Classes de complexidade**:
  - **P**: Classe de problemas solucionáveis em tempo polinomial.

- NP: Classe de problemas verificáveis em tempo polinomial.

- **NP-Completo**: Problemas em NP aos quais todos os problemas em NP podem ser reduzidos em tempo polinomial.

- **NP-Difícil**: Problemas pelo menos tão difíceis como os problemas mais difíceis em NP, não necessariamente em NP.

Redutibilidade e exaustividade

- **Redutibilidade**: Um método de relacionar problemas através da transformação de um problema n o u t r o, utilizado para classificar a dificuldade do problema.

- **Completude**: Um problema é completo para uma classe se estiver na classe e todos os outros problemas da classe puderem ser reduzidos a ele.

Fundamentos matemáticos

- **Teoria dos conjuntos**: O estudo dos conjuntos, que são colecções de objectos.

- **União, Intersecção, Diferença**: Operações básicas de conjuntos.

- **Subconjunto, Superconjunto**: Relações entre séries.

- **Funções**: Mapeamentos de um conjunto para outro, descrevendo relações entre elementos.

- **Domínio, co-domínio**: Conjuntos a partir dos quais são retiradas entradas e saídas.

- **Injetiva, Surjectiva, Bijectiva**: Tipos de funções com base nas suas propriedades de mapeamento.

- **Lógica**: O estudo do raciocínio, utilizado para formalizar argumentos e provas.

- **Proposicional Lógica proposicional**: Lida com proposições e suas combinações.

- **Lógica de Predicados**: Estende a lógica proposicional com quantificadores e predicados.

Referências:

Livro:

1. "Introdução à Teoria da Computação" de Michael Sipser

2. "Automata Theory, Languages, and Computation" de John E. Hopcroft, Rajeev Motwani e Jeffrey D. Ullman

3. "Teoria da Computação" de Dexter C. Kozen

4. "Elements of the Theory of Computation" de Harry R. Lewis e Christos H. Papadimitriou

Sítios Web:

1. MIT OpenCourseWare (OCW)
2. Coursera

Capítulo 2: Autómatos finitos

2.1 Autómatos finitos determinísticos (DFA)

- **Autómato finito determinístico (DFA)**: Um DFA é um modelo teórico de computação utilizado para reconhecer padrões em cadeias de entrada. É constituído por um número finito de estados e funciona de forma determinística, ou seja, para cada estado e símbolo de entrada, existe exatamente uma transição para outro estado.

Componentes de um DFA

Um DFA é definido por uma 5-tupla (Q, Σ, δ, q0, F):

- **Q**: Um conjunto finito de estados.
- Σ: Um conjunto finito chamado alfabeto, constituído por símbolos.
- **δ**: Uma função de transição δ: Q×Σ→Q, mapeando cada estado e símbolo de entrada para um novo estado.
- **q0**: O estado inicial, onde q0∈Q.
- **F**: Um conjunto de estados de aceitação, em que F⊆Q.

Como funciona uma DFA

- **Inicialização**: O DFA começa no estado inicial q0.
- **Processamento da entrada**: Para cada símbolo de entrada, o DFA transita de um estado para outro com base na função de transição δ.
- **Aceitação**: A cadeia de entrada é aceite se, após o processamento de todos os símbolos, o DFA terminar num dos estados de aceitação F. Caso contrário, a cadeia é rejeitada.

Propriedades do DFA

- **Determinismo**: Para cada estado e símbolo de entrada, existe exatamente uma transição definida.
- **Memória**: Um DFA tem uma quantidade finita de memória, representada pelo seu conjunto finito de estados.
- **Reconhecimento de linguagens**: Um DFA pode reconhecer linguagens regulares, que podem ser descritas por expressões regulares.
- **Propriedades de fecho**: As linguagens regulares reconhecidas pelos DFAs são fechadas sob união, intersecção e complementação.

Aplicações de DFA

- **Correspondência de padrões**: Utilizada no processamento de texto e em algoritmos de pesquisa para encontrar padrões em cadeias de caracteres.

- **Análise léxica**: Utilizada em compiladores para tokenizar o código de entrada com base em padrões predefinidos.
- **Protocolos de rede**: Utilizados para modelar e verificar protocolos e sistemas de comunicação.
- **Sistemas de controlo**: Aplicado na conceção de lógica de controlo para sistemas incorporados e circuitos digitais.

Limitações do DFA

- **Restrições de memória**: Os DFAs têm memória limitada (apenas estados finitos), o que os torna inadequados para o reconhecimento de linguagens que requerem memória infinita.
- **Inflexibilidade**: Qualquer alteração no padrão ou nas regras exige a redefinição da função de transição, o que torna os DFA menos adaptáveis em comparação com modelos mais complexos, como as máquinas de Turing.

2.2 Autómatos finitos não determinísticos (NFA)

- NFA significa autómatos finitos não determinísticos. É mais fácil construir um NFA do que um DFA para uma dada linguagem regular.
- Os autómatos finitos são designados por NFA quando existem muitos caminhos para uma entrada específica do estado atual para o estado seguinte.
- Todos os NFA não são DFA, mas todos os NFA podem ser traduzidos em DFA.
- O NFA é definido da mesma forma que o DFA, mas com as duas excepções seguintes: contém múltiplos estados seguintes e contém ε transição.

Na imagem seguinte, podemos ver que, a partir do estado q0 para a entrada a, existem dois estados seguintes q1 e q2, do mesmo modo que, a partir de q0 para a entrada b, os estados seguintes são q0 e q1. Assim, não é fixo ou determinado que, com uma determinada entrada, qual será o estado seguinte. Por isso, este AF é designado por autómato finito não determinístico.

Definição formal de NFA:

O NFA também tem cinco estados, tal como o DFA, mas com uma função de transição diferente, como se mostra a seguir:

$\delta: Q \times \sum {}^{\rightarrow 2Q}$ em que,

1. Q: conjunto finito de estados
2. $\sum$: conjunto finito do símbolo de entrada
3. q0: estado inicial

4. F: estado **final**
5. δ: Função de transição

xemplo 1:

1. Q = {q0, q1, q2}
2. ∑ = {0, 1}
3. q0 = {q0}
4. F = {q2}

Solução:

Diagrama de transição:

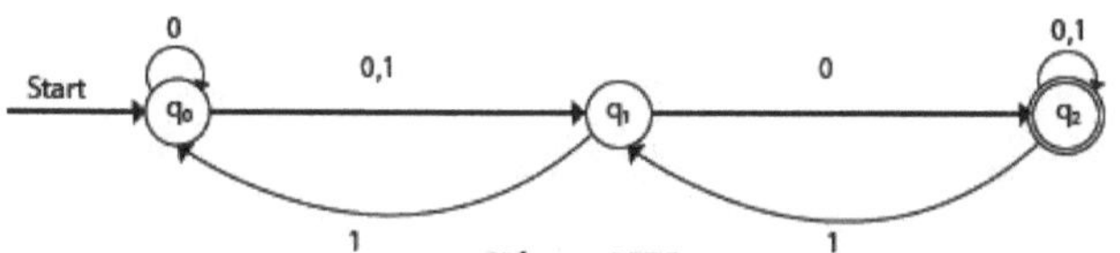

Fig: NFA

Quadro de transição:

Estado atual	Estado seguinte para a entrada 0	Estado seguinte da entrada 1
→q0	q0, q1	q1
q1	q2	q0
*q2	q2	q1, q2

No diagrama acima, podemos ver que quando o estado atual é q0, na entrada 0, o estado seguinte será q0 ou q1, e na entrada 1 o estado seguinte será q1. Quando o estado atual é q1, na entrada 0 o estado seguinte será q2 e na entrada 1, o estado seguinte será q0. Quando o estado atual é q2, na entrada 0 o estado seguinte é q2 e na entrada 1 o estado seguinte será q1 ou q2.

Propriedades da NFA

- **Não-determinismo**: Para cada estado e símbolo de entrada, o NFA pode ter múltiplas transições possíveis, incluindo a possibilidade de não haver transição.
- **Memória**: Tal como os DFAs, os NFAs têm um conjunto finito de estados, mas o não determinismo permite-lhes representar certas linguagens de forma mais sucinta.

- **Reconhecimento de línguas**: Os NFAs reconhecem a mesma classe de linguagens que os DFAs - linguagens regulares.

Aplicações da NFA

- **Correspondência de padrões**: Os NFAs podem ser utilizados em motores de expressão regular para corresponder a padrões no texto.
- **Análise léxica**: Os NFAs são usados nos estágios iniciais dos compiladores para tokenizar as strings de entrada.
- **Verificação de protocolos**: Utilizado para modelar e verificar comportamentos em protocolos de comunicação em que existem vários estados possíveis para determinadas entradas.

2.2.8 Vantagens e desvantagens da NFA

- **Vantagens**:
  - Mais intuitivos e mais fáceis de construir para certas línguas do que os DFA.
  - Pode ser mais compacto do que DFAs equivalentes.
- **Desvantagens**:
  - Natureza não-determinística pode tornar implementação mais complexa.
  - A simulação de um NFA numa máquina determinística pode exigir mais recursos.

2.3 Equivalência de DFA e NFA

- Conceito: Embora os DFAs (Deterministic Finite Automata) e os NFAs (Non-deterministic Finite Automata) sejam definidos de forma diferente, são equivalentes em termos das linguagens que podem reconhecer. Ambos podem reconhecer exatamente a classe das linguagens regulares.

Definição formal de equivalência

- Reconhecimento de uma língua: Diz-se que um autómato reconhece uma linguagem se aceitar todas as cadeias de caracteres dessa linguagem e rejeitar todas as cadeias de caracteres que não estejam nessa linguagem. Uma linguagem reconhecida por um NFA é chamada de linguagem regular, e qualquer linguagem regular também pode ser reconhecida por um DFA.
- Equivalência: Para cada NFA, existe um DFA que reconhece a mesma linguagem, e vice-versa.

Prova de equivalência (conversão de NFA em DFA)

O método mais comum para provar a equivalência é a construção de subconjuntos (construção de conjuntos de potências), que converte um NFA num DFA equivalente.

1. Estado inicial:

o O estado inicial do DFA é o epsilon-closure (conjunto de estados alcançáveis a partir do estado inicial do NFA usando apenas transições epsilon) do estado inicial do NFA.

2. Transições:

o Para cada estado do DFA (que representa um subconjunto de estados do NFA) e cada símbolo de entrada, calcular o conjunto de estados que podem ser alcançados através da transição de qualquer estado do subconjunto para esse símbolo de entrada. Isto envolve:

▪ Encontrar todos os estados acessíveis a partir de cada estado do subconjunto no símbolo de entrada.

▪ Tomando a união destes conjuntos de estados.

▪ Incluindo todos os estados alcançáveis por transições epsilon a partir destes estados.

3. Aceitar os Estados:

o Um estado no DFA é um estado aceite se qualquer um dos estados do NFA no subconjunto for um estado aceite.

Propriedades de fecho e equivalência

- **Propriedades de fecho**: Tanto os DFAs como os NFAs são fechados sob operações como a união, intersecção e complemento.
- **Teorema da equivalência**: Para cada NFA NNN, existe um DFA DDD tal que L(N)=L(D)L(N) = L(D)L(N)=L(D), onde LLL denota a linguagem reconhecida pelo autómato.

2.4 Minimização de DFA Definição de Minimização de DFA

- **Minimização de DFA**: O processo de conversão de um dado DFA num DFA equivalente com o número mínimo de estados. O DFA minimizado reconhece a mesma linguagem que o DFA original, mas é mais eficiente em termos de contagem de estados.

Objetivo da minimização da DFA

- **Eficiência**: Um DFA minimizado utiliza menos estados, o que reduz a utilização de memória e melhora a velocidade de processamento.
- **Simplicidade**: Simplifica a conceção e a análise do autómato.
- **Otimização**: Útil em aplicações como a análise léxica em compiladores,

onde a minimização do número de estados pode levar a um reconhecimento mais eficiente de tokens.

Passos para minimizar um DFA

O processo de minimização envolve normalmente os seguintes passos:

1. **Remover estados inalcançáveis**: Identificar e remover estados que não podem ser alcançados a partir do estado inicial.

2. **Mesclar estados equivalentes**: Identifica estados que são equivalentes (ou seja, indistinguíveis por qualquer cadeia de símbolos de entrada) e funde-os.

Processo de minimização pormenorizado

1. **Remover estados inacessíveis**:

o Comece pelo estado inicial e marque todos os estados que podem ser alcançados através de qualquer sequência de transições.

o Remover os estados que não estão marcados.

2. **Fusão de Estados equivalentes**:

o **Partição inicial**: Dividir os estados em dois grupos: estados que aceitam e estados que não aceitam.

o **Refinamento**: Refinamento iterativo da partição, distinguindo os estados com base nas suas transições, até que não seja possível efetuar mais refinamentos.

Por exemplo:

Minimizar o DFA-

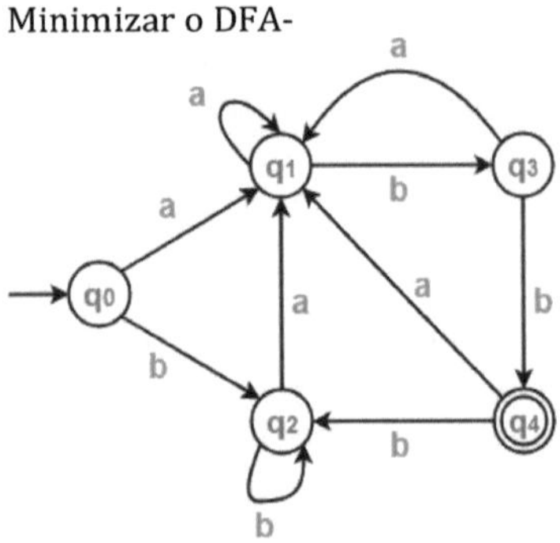

<u>**Passo-01:**</u>

O DFA dado não contém estados mortos e estados inacessíveis.

<u>**Passo-02:**</u>

Desenhar uma tabela de transição de estados-

	a	b
→q0	q1	q2
q1	q1	q3
q2	q1	q2
q3	q1	*q4
***q4**	q1	q2

Passo-03:

Agora, usando o Teorema da Equivalência, temos- $P_0 = \{ q_0 , q_1 , q_2 , q_3 \} \{ q_4 \}$

$P_1 = \{ q_0 , q_1 , q_2 \} \{ q_3 \} \{ q_4 \}$

$P_2 = \{ q_0 , q_2 \} \{ q_1 \} \{ q_3 \} \{ q_4 \}$

$P_3 = \{ q_0 , q_2 \} \{ q_1 \} \{ q_3 \} \{ q_4 \}$

Como $P_3 = P_2$, paramos.

De P_3, deduzimos que os estados q_0 e q_2 são equivalentes e podem ser fundidos.

Assim, o nosso DFA mínimo é-

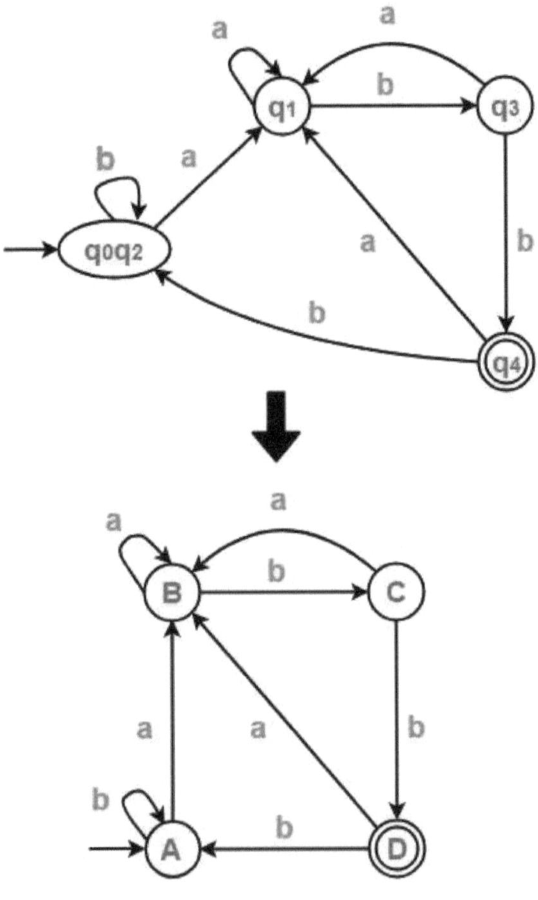

Minimal DFA

Propriedades do DFA minimizado

- **Unicidade**: O DFA minimizado é único (até à renomeação dos estados).
- **Equivalência**: O DFA minimizado reconhece a mesma linguagem que o DFA original.
- **Eficiência**: O DFA minimizado tem o menor número de estados necessários para reconhecer a língua.

Aplicações da minimização de DFA

- **Conceção de compiladores**: Otimização de analisadores léxicos.
- **Pattern Matching**: Implementação eficiente de motores de expressão

regular.

- **Verificação de modelos**: Simplificação de modelos baseados em estados em ferramentas de verificação.

A minimização de um DFA é um passo crucial na otimização de autómatos finitos para aplicações práticas. Garante que o autómato funciona eficientemente com o mínimo de recursos necessários, mantendo as mesmas capacidades de reconhecimento de linguagem.

2.5 Linguagens regulares e expressões regulares

Línguas regulares

- **Definição**: As linguagens regulares são uma classe de linguagens que podem ser reconhecidas por autómatos finitos, como os autómatos finitos determinísticos (DFA) ou os autómatos finitos não determinísticos (NFA). São o tipo mais simples e mais fundamental de linguagem formal na hierarquia de Chomsky.

- **Propriedades**:

  - Fechado sob as operações de união, concatenação e estrela de Kleene.

  - Reconhecível por expressões regulares.

  - De forma equivalente, podem ser definidas por gramáticas regulares, que são um tipo de gramática formal com regras de produção que geram cadeias de caracteres na língua.

- **Exemplos**:

  - A linguagem de todas as cadeias de caracteres sobre o alfabeto {0,1}\{0, 1\}{0,1} contendo um número par de 0s.

  - A linguagem de todas as cadeias de caracteres sobre o alfabeto {a,b}\{a, b\}{a,b} começando com 'a' seguido de qualquer número de 'b's.

Expressões regulares

- **Definição**: As expressões regulares são linguagens formais utilizadas para descrever padrões em cadeias de caracteres. Fornecem uma notação concisa e flexível para especificar linguagens regulares.

- **Sintaxe**:

  - **Literals**: Caracteres ou cadeias de caracteres que correspondem a si próprios (por exemplo, 'a', '123').

  - **Concatenação**: A justaposição de expressões, indicando a concatenação de cadeias de caracteres (por exemplo, ababab).

  - **Alternância**: O uso de '|' para denotar escolhas alternativas (por exemplo,

a|ba
| ba|b).

- Kleene Star: O uso de "*" para indicar zero ou mais ocorrências da expressão precedente (por exemplo, a∗a*a∗).

- **Agrupamento**: Parênteses () para agrupar expressões (por exemplo, (ab)∗(ab)*(ab)∗).

- **Operações**:

  - **União (|)**: Corresponde a qualquer string que corresponda a qualquer uma das expressões em seus lados.

  - **Concatenação**: Corresponde a uma cadeia de caracteres que corresponde à primeira expressão seguida de uma cadeia de caracteres que corresponde à segunda expressão.

  - **Estrela Kleene (*)**: Corresponde a zero ou mais ocorrências da expressão anterior.

- **Exemplos**:

  - (a|b)∗(a|b)^*(a|b)∗: Corresponde a qualquer string que consiste em zero ou mais ocorrências de 'a' ou 'b'.

  - (ab)∗(ab)^*(ab)∗: Corresponde a qualquer string que consista em zero ou mais ocorrências de 'ab'.

Relação entre linguagens regulares e expressões regulares

- **Equivalência**: As linguagens regulares podem ser descritas por expressões regulares e, inversamente, as expressões regulares podem reconhecer linguagens regulares.

- **Conversão**: As expressões regulares podem ser convertidas em DFAs ou NFAs equivalentes, e vice-versa, utilizando algoritmos como a construção de Thompson ou o método de construção de subconjuntos.

- **Aplicações**: As expressões regulares são amplamente utilizadas em tarefas de processamento de texto, como a pesquisa, correspondência e substituição de padrões em cadeias de caracteres.

2.6 Aplicações de autómatos finitos

Os autómatos finitos, incluindo os autómatos finitos determinísticos (DFA) e os autómatos finitos não determinísticos (NFA), têm inúmeras aplicações em vários domínios devido à sua simplicidade e eficácia na resolução de problemas computacionais. Eis algumas aplicações comuns:

1. **Análise lexical em compiladores**:

- Os autómatos finitos são amplamente utilizados nos compiladores para efetuar a análise léxica, em que se procede à tokenização do código fonte em componentes significativos, como palavras-chave, identificadores e símbolos. As expressões regulares, que podem ser representadas por autómatos finitos, são utilizadas para definir a estrutura lexical das linguagens de programação.

2. **Algoritmos de correspondência de cadeias de caracteres**:

- Os autómatos finitos são utilizados em algoritmos de correspondência de cadeias de caracteres, como o algoritmo de Knuth-Morris-Pratt (KMP) e o algoritmo de Boyer-Moore. Estes algoritmos utilizam autómatos finitos para pré-processar o padrão a procurar no texto, conduzindo a uma correspondência de padrões eficiente com uma complexidade de tempo linear.

3. **Análise de protocolos de rede**:

- Os autómatos finitos são utilizados em analisadores de protocolos de rede para modelar e verificar o comportamento dos protocolos de comunicação. Eles podem representar as transições de estado e as seqüências de mensagens nos protocolos, auxiliando na verificação, teste e depuração do protocolo.

4. **Processamento de linguagem natural (PNL)**:

- Os autómatos finitos desempenham um papel importante em várias tarefas do processamento da linguagem natural, como a análise morfológica e a tokenização. Podem reconhecer e segmentar palavras ou morfemas com base em regras e padrões linguísticos, facilitando as tarefas de processamento da linguagem.

5. **Motores de expressão regular**:

- Os autómatos finitos servem de modelo subjacente aos motores de expressões regulares, que são utilizados para tarefas de correspondência de padrões e de processamento de texto. As expressões regulares são convertidas em autómatos finitos para uma correspondência eficiente com as sequências de entrada.

6. **Conceção de circuitos digitais**:

- Os autómatos finitos são utilizados na conceção de circuitos digitais para modelar e analisar circuitos lógicos sequenciais. Podem representar a lógica de controlo de máquinas de estados finitos (FSM), que são componentes essenciais em circuitos sequenciais, como contadores, controladores e unidades de memória.

7. **Bioinformática**:

- Os autómatos finitos encontram aplicações na bioinformática para análise de sequências e reconhecimento de padrões em sequências de ADN e proteínas. Podem ser utilizados para identificar motivos, padrões ou sequências de interesse em dados biológicos, ajudando na análise genómica e no alinhamento de sequências.

8. **Robótica e sistemas de controlo**:

o Os autómatos finitos são utilizados na robótica e nos sistemas de controlo para modelar e controlar o comportamento de agentes autónomos e sistemas robóticos. Podem representar os estados e as transições dos comportamentos dos robôs, permitindo a tomada de decisões e o controlo autónomos.

9. **Reconhecimento de padrões e aprendizagem automática**:

o Os autómatos finitos são utilizados em algoritmos de reconhecimento de padrões e de aprendizagem automática para tarefas de classificação de sequências e reconhecimento de padrões. Podem modelar sequências temporais de eventos ou símbolos e classificá-los em categorias ou classes predefinidas.

10. **Otimização de consultas a bases de dados**:

o Os autómatos finitos são utilizados em técnicas de otimização de consultas de bases de dados para uma correspondência eficiente de padrões e indexação de dados textuais. Podem acelerar as operações de pesquisa e melhorar o desempenho das consultas, identificando padrões de correspondência em grandes conjuntos de dados.

Os autómatos finitos são ferramentas fundamentais na ciência e engenharia da computação, constituindo um quadro versátil para a modelação e resolução de vários problemas computacionais em diversas aplicações. A sua simplicidade, expressividade e eficiência tornam-nos indispensáveis na conceção de algoritmos, modelação de sistemas e tarefas de resolução de problemas.

Referências:

Livro:

5. "Introdução à Teoria da Computação" de Michael Sipser

6. "Automata Theory, Languages, and Computation" de John E. Hopcroft, Rajeev Motwani e Jeffrey D. Ullman

7. "Teoria da Computação" de Dexter C. Kozen

8. "Elements of the Theory of Computation" de Harry R. Lewis e Christos H. Papadimitriou

Sítios Web:

3. MIT OpenCourseWare (OCW)

4. Coursera

Capítulo 3: Linguagens regulares e gramáticas regulares

3.1 Línguas regulares

As linguagens regulares são um conceito fundamental no domínio da informática teórica e da teoria da linguagem formal. São uma classe de linguagens que podem ser reconhecidas por autómatos finitos, como os autómatos finitos deterministas (DFA) e os autómatos finitos não deterministas (NFA). Eis alguns pontos-chave sobre as linguagens regulares:

1. **Definição**: Uma linguagem é dita regular se existir um autómato finito que a reconheça. Isto significa que a linguagem pode ser descrita por uma expressão regular ou gerada por uma gramática regular.

2. **Reconhecibilidade por autómatos finitos**: As línguas regulares podem ser reconhecidas por autómatos finitos, que são máquinas abstractas com um número finito de estados que transitam entre si com base em símbolos de entrada. Os autómatos finitos determinísticos (DFA) e os autómatos finitos não-determinísticos (NFA) são dois tipos de autómatos finitos normalmente utilizados para reconhecer linguagens regulares.

3. **Propriedades de fecho**: As linguagens regulares são fechadas sob várias operações, incluindo união, concatenação e estrela de Kleene. Isto significa que se L1L_1L1 e L2L_2L2 são linguagens regulares, então a sua união L1∪L2L_1 \cup L_2L1∪L2, concatenação L1·L2L_1 \cdot L_2L1
·L2, e a estrela de Kleene L1∗L_1^*L1∗ são também linguagens regulares.

4. **Expressões regulares**: As linguagens regulares podem ser descritas utilizando expressões regulares, que são linguagens formais que representam padrões dentro de cadeias de caracteres. As expressões regulares fornecem uma notação concisa e poderosa para especificar linguagens regulares.

5. **Aplicações**: As linguagens regulares têm inúmeras aplicações na informática e em domínios relacionados, incluindo a análise lexical em compiladores, a correspondência de padrões no processamento de texto, a modelação de protocolos de comunicação e algoritmos de pesquisa de cadeias de caracteres.

6. **Exemplo**: Alguns exemplos de línguas regulares incluem:

o O conjunto de todas as cadeias de caracteres sobre o alfabeto {0,1}\{0, 1\}{0,1} que contêm um número par de 0s.

o O conjunto de todas as cadeias de caracteres sobre o alfabeto {a,b}\{a, b\}{a,b} que começam com a letra 'a' seguida de qualquer número de 'b's.

7. **Limitações**: As linguagens regulares são o tipo mais simples de linguagem formal e têm um poder expressivo limitado em comparação com as linguagens livres de contexto e as linguagens recursivamente enumeráveis. Não podem exprimir certos tipos de padrões ou linguagens que exigem contagem ou estruturas aninhadas.

3.2 Propriedades de fecho de linguagens regulares

As propriedades de fecho referem-se às propriedades de um conjunto de linguagens sob várias operações. Para as linguagens regulares, as propriedades de fecho descrevem o modo como operações como a união, a concatenação, a estrela de Kleene e a complementação afectam a linguagem resultante. Eis as propriedades de fecho das linguagens regulares:

1. **Encerramento em União**:

o Se L1L_1L1 e L2L_2L2 são linguagens regulares, então a sua união L1∪L2L_1 \cup L_2L1∪L2 é também uma linguagem regular.

o Isto significa que o conjunto de cadeias de caracteres que pertencem a L1L_1L1 ou L2L_2L2 (ou a ambas) é também uma linguagem regular.

2. **Encerramento sob Concatenação**:

o Se L1L_1L1 e L2L_2L2 são linguagens regulares, então a sua concatenação L1·L2L_1 \cdot L_2L1·L2 é também uma linguagem regular.

o A concatenação consiste em obter todas as combinações possíveis de cadeias de caracteres de L1L_1L1 seguidas de cadeias de caracteres de L2L_2L2, formando novas cadeias de caracteres.

3. **Encerramento com a Kleene Star**:

o Se LLL é uma linguagem regular, então a sua estrela de Kleene L∗L^*L∗ é também uma linguagem regular.

o A operação estrela de Kleene permite zero ou mais repetições de cadeias de caracteres de LLL, formando novas cadeias de caracteres.

4. **Encerramento sob o cruzamento**:

o Se L1L_1L1 e L2L_2L2 são linguagens regulares, então a sua intersecção L1∩L2L_1 \cap L_2L1∩L2 não é necessariamente uma linguagem regular.

o Embora a intersecção de linguagens regulares possa nem sempre ser regular, é decidível.

5. **Fechamento sob complementação**:

o Se LLL é uma linguagem regular, então o seu complemento L¯\overline{L}L é também uma linguagem regular.

o O complemento de uma língua é constituído por todas as cadeias de caracteres do alfabeto que não se encontram na língua original.

6. **Encerramento sob inversão**:

o Se LLL é uma linguagem regular, então a sua inversão LRL^RLR também é uma linguagem regular.

o A inversão de uma língua envolve a inversão de todas as cadeias de caracteres da língua, mantendo a sua ordem.

7. **Encerramento sob homomorfismo**:

- Se LLL é a regular regular, então a sua imagem sob um homomorfismo é também uma linguagem regular.
- Um homomorfismo é uma função que mapeia símbolos no alfabeto da língua para outros símbolos.

A compreensão das propriedades de fecho é crucial para o reconhecimento e a manipulação das linguagens. Estas propriedades demonstram a robustez e a versatilidade das linguagens regulares, tornando-as ferramentas valiosas em várias áreas da informática, incluindo a teoria formal das linguagens, a conceção de compiladores e o reconhecimento de padrões.

3.3 Lema de bombeamento para linguagens regulares

O Lema de Bombeamento para linguagens regulares é uma ferramenta fundamental na teoria formal das linguagens, utilizada para provar que certas linguagens não são regulares. É uma condição necessária para que uma língua seja regular. Eis um resumo do lema de Pumping para as linguagens regulares:

Lema de bombeamento para linguagens regulares Declaração:

Para qualquer linguagem regular LLL, existe uma constante ppp (o "comprimento de bombagem") tal que qualquer cadeia sss em LLL com comprimento pelo menos ppp pode ser dividida em três partes: s=xyzs = xyzs=xyz, satisfazendo as seguintes condições:

1. Para qualquer i≥0i \geq 0i≥0, a cadeia xyizxy^izxyiz também está em LLL.
2. |y|>0|y| > 0|y|>0, o que significa que yyy não pode ser uma string vazia.
3. |xy|≤p|xy| \leq p|xy|≤p, implicando que xyxyxy está contido nos primeiros caracteres ppp de sss.

Interpretação:

O Lema do Bombeamento afirma essencialmente que, para qualquer linguagem regular, cadeias de caracteres suficientemente longas podem ser "bombeadas" para gerar cadeias de caracteres adicionais na linguagem, mantendo-se na linguagem. Isto é possível devido à natureza finita do autómato que reconhece a linguagem, permitindo loops ou repetições dentro do autómato.

Aplicação:

Para provar que uma linguagem não é regular usando o Lema de Bombeamento, normalmente escolhe-se uma cadeia específica da linguagem e mostra-se que, independentemente de como o bombeia, as cadeias resultantes não estão na linguagem, contradizendo assim as condições do Lema do Bombeamento.

Exemplo:

Considere-se a linguagem L={0n1n|n≥0}L = \{0^n1^n \mid n \geq 0\}L={0n1n|n≥0}, constituída por cadeias de caracteres da forma 0n1n0^n1^n0n1n. Para provar que LLL não é regular usando o Lema de Bombeamento, escolhe-se uma cadeia s=0p1ps = 0^p1^ps=0p1p onde ppp é o comprimento de bombeamento. Depois, de acordo com o Lema de Bombeamento, pode dividir sss em xyzxyzxyz de modo a que as condições do Lema de Bombeamento se mantenham. No entanto, seja qual for a forma como se divide yyy, o resultado será uma cadeia que não está em LLL, provando assim que LLL não é regular.

- O Lema de Bombeamento é uma condição necessária mas não suficiente para que uma língua seja regular. O facto de uma língua não satisfazer as condições do Lema de Bombeamento não significa que não seja necessariamente regular.

- O Lema de Bombeamento é uma ferramenta poderosa para provar que certas linguagens não são regulares, mas não pode ser usado para provar que uma linguagem é regular.

3.4 Propriedades de decisão das linguagens regulares

As propriedades de decisão são questões ou propriedades relacionadas com as linguagens formais que podem ser decididas por algoritmos ou máquinas. Para as linguagens regulares, várias propriedades de decisão podem ser determinadas eficazmente devido à natureza finita dos autómatos que as reconhecem. Eis algumas das propriedades de decisão mais comuns das linguagens regulares:

1. **Vazio**: Dada uma linguagem regular LLL, será LLL vazia? Esta propriedade pode ser decidida verificando se a intersecção da linguagem com o conjunto vazio é vazia.

2. **Universalidade**: Dada uma linguagem regular LLL, será LLL o conjunto de todas as cadeias de caracteres sobre o alfabeto? Esta propriedade pode ser decidida verificando se a intersecção da linguagem com o conjunto de todas as cadeias de caracteres sobre o alfabeto é igual à própria linguagem.

3. **Associação**: Dada uma linguagem regular LLL e uma string www, www pertence a LLL? Esta propriedade pode ser decidida testando se www é aceite pelo autómato finito que reconhece a LLL.

4. **Equivalência**: Dadas duas linguagens regulares L1L_1L1 e L2L_2L2, são elas equivalentes? Esta propriedade pode ser decidida testando se L1L_1L1 e L2L_2L2 reconhecem o mesmo conjunto de cadeias de caracteres, ou seja,

se a sua intersecção e complemento são ambos vazios.

5. **Contenção**: Dadas duas linguagens regulares L1L_1L1 e L2L_2L2, L1L_1L1 está contida em L2L_2L2 (i.e., todas as cadeias de caracteres em L1L_1L1 estão também em L2L_2L2)? Esta propriedade pode ser decidida testando se o complemento de L1L_1L1 intersectado com L2L_2L2 é vazio.

6. **Associação finita**: Dada uma linguagem regular LLL e um número inteiro positivo nnn, será que LLL contém pelo menos nnn cadeias de caracteres? Esta propriedade pode ser decidida construindo o produto cartesiano de LLL com ele próprio nnn vezes e verificando se qualquer cadeia resultante é aceite pelo autómato finito que reconhece LLL.

7. **Associação infinita**: Dada uma linguagem regular LLL, a LLL é infinita (ou seja, contém infinitas cadeias de caracteres)? Esta propriedade pode ser decidida construindo um autómato finito para LLL e testando se tem ciclos ou loops.

3.5 Gramáticas regulares

As gramáticas regulares são um tipo de gramática formal que gera linguagens regulares. São um conceito fundamental na teoria da linguagem formal e estão intimamente relacionadas com os autómatos finitos. Aqui está uma visão geral das gramáticas regulares:

Definição:

Uma gramática regular GGG é definida por um 4-tuplo (N,Σ,P,S)(N, \Sigma, P, S)(N,Σ,P,S), onde:

- NNN é um conjunto finito de símbolos não terminais.
- Σ\SigmaΣ é um conjunto finito de símbolos terminais (o alfabeto).
- PPP é um conjunto de regras de produção da forma A→αA \rightarrow \alphaA→α, onde A∈NA \em NA∈N e α\alphaα é uma cadeia de terminais e/ou não terminais.
- SSS é o símbolo de início, que é um membro de NNN.

Regras de produção:

As regras de produção de uma gramática regular têm as seguintes formas:

1. A→aBA \rightarrow aBA→aB ou A→aA \rightarrow aA→a, onde A,B∈NA, B \in NA,B∈N e a∈Σa \in \Sigmaa∈Σ.

   ○ Este tipo de regra é chamado de produção regular à direita. Ela representa a substituição de um símbolo terminal aaa seguido de um símbolo não terminal BBB, ou apenas um símbolo terminal aaa, por um símbolo não terminal AAA.

2. A→εA \rightarrow \varepsilonA→ε, onde A∈NA \in NA∈N e ε\varepsilonε representa a string vazia.

- Este tipo de regra chama-se produção de épsilon. Permite que o símbolo não terminal AAA produza a cadeia vazia.

Derivação:

A partir do símbolo inicial SSS, pode ser utilizada uma sequência de aplicações de regras de produção para derivar cadeias de caracteres na língua gerada pela gramática regular. Cada aplicação de regra de produção substitui um símbolo não terminal pelo lado direito de uma regra de produção que tem o símbolo não terminal no lado esquerdo.

Línguas regulares:

A linguagem gerada por uma gramática regular é o conjunto de todas as cadeias de símbolos terminais que podem ser derivadas do símbolo inicial utilizando as regras de produção. As gramáticas regulares geram linguagens regulares, que são uma classe de linguagens que podem ser reconhecidas por autómatos finitos.

Exemplo:

Considere-se a gramática regular G=({S,A,B},{a,b},P,S)G = (\{S, A, B\}, \{a, b\}, P, S)G=({S,A,B},{a,b},P,S) com as regras de produção:

- S→aSS \rightarrow aSS→aS
- S→bAS \rightarrow bAS→bA
- A→aBA \rightarrow aBA→aB
- A→bAA \rightarrow bAA→bA
- A→εA \rightarrow \varepsilonA→ε
- B→aSB \rightarrow aSB→aS
- B→bAB \rightarrow bAB→bA

Esta gramática gera a linguagem L={aibj|i,j≥0,i≠j}L = \{ a^ib^j \mid i, j \geq 0, i \neq j \}L={aibj|i,j≥0,i =j}□que consiste em todas as sequências de aaa's seguidos de bbb's em que o número de aaa's não é igual ao número de bbb's.

As gramáticas regulares são essenciais na teoria da linguagem formal e têm aplicações em vários domínios, como a construção de compiladores, o reconhecimento de padrões e o processamento de linguagem natural. Proporcionam uma forma formal e concisa de descrever e gerar linguagens regulares.

Referências:

Livro:

9. "Introdução à Teoria da Computação" de Michael Sipser

10. "Automata Theory, Languages, and Computation" de John E. Hopcroft, Rajeev Motwani e Jeffrey D. Ullman

11. "Teoria da Computação" de Dexter C. Kozen

12. "Elements of the Theory of Computation" de Harry R. Lewis e Christos H. Papadimitriou

Sítios Web:

5. MIT OpenCourseWare (OCW)

6. Coursera

Capítulo 4: Gramáticas livres de contexto e linguagens

4.1 Gramáticas livres de contexto (CFG)

As gramáticas livres de contexto (CFGs) são um tipo de gramática formal utilizada para descrever linguagens livres de contexto. São um conceito fundamental na teoria da linguagem formal e são amplamente utilizadas em várias áreas da informática, incluindo a conceção de compiladores, o processamento de linguagem natural e a análise. Aqui está uma visão geral das gramáticas livres de contexto:

Definição:

Uma gramática livre de contexto GGG é definida por um 4-tuplo (N,Σ,P,S)(N, \Sigma, P, S)(N,Σ,P,S), onde:

- NNN é um conjunto finito de símbolos não terminais.
- Σ\SigmaΣ é um conjunto finito de símbolos terminais (o alfabeto).
- PPP é um conjunto de regras de produção da forma A→αA \rightarrow \alphaA→α, onde A∈NA \em NA∈N e α\alphaα é uma cadeia de terminais e/ou não terminais.
- SSS é o símbolo de início, que é um membro de NNN.

Regras de produção:

As regras de produção de uma gramática livre de contexto têm a seguinte forma: A→αA \rightarrow \alphaA→α, onde AAA é um símbolo não-terminal e α\alphaα é uma cadeia de terminais e/ou não-terminais. Cada regra de produção especifica uma substituição ou expansão de um símbolo não terminal AAA por uma cadeia α\alphaα.

Derivação:

A partir do símbolo inicial SSS, pode ser utilizada uma sequência de aplicações de regras de produção para derivar cadeias de caracteres na linguagem gerada pela gramática livre de contexto. Cada aplicação de regra de produção substitui um símbolo não terminal pelo lado direito de uma regra de produção que tem o símbolo não terminal no lado esquerdo.

Linguagens livres de contexto:

A linguagem gerada por uma gramática livre de contexto é o conjunto de todas as cadeias de símbolos terminais que podem ser derivadas do símbolo inicial utilizando as regras de produção. As gramáticas livres de contexto geram linguagens livres de contexto, que são uma classe de linguagens que podem ser reconhecidas por autómatos pushdown.

Exemplo:

Considere-se a gramática livre de contexto G=({S,A,B},{a,b},P,S)G = (\{S, A,

B\}, \{a,
b\}, P, S)G=({S,A,B},{a,b},P,S) com as regras de produção:

- S→aSbS \rightarrow aSbS→aSb
- S→εS \rightarrow \varepsilonS→ε
- S→AS \rightarrow AS→A
- A→bBA \rightarrow bBA→bB
- B→aAB \rightarrow aAB→aA

Esta gramática gera a linguagem L={anbm|n,m≥0,n≠m}L = \{ a^nb^m \mid n, m \geq 0, n \neq m \}L={anbm|n,m≥0,n ≠m}, que consiste em todas as sequências de aaa's seguidos de bbb's em que o número de aaa's não é igual ao número de bbb's.

4.2 Analisar árvores

As árvores de análise, também conhecidas como árvores sintácticas ou árvores de derivação, são uma representação gráfica da estrutura sintáctica das cadeias de caracteres geradas por uma gramática livre de contexto. São utilizadas em algoritmos de análise e na construção de compiladores para visualizar a estrutura hierárquica da entrada analisada.

Definição:

Uma árvore de análise é uma árvore enraizada em que cada nó interno representa um símbolo não terminal na gramática e cada nó de folha representa um símbolo terminal ou um épsilon (cadeia vazia). A estrutura em árvore capta as relações hierárquicas entre os símbolos na cadeia gerada.

Construção:

1. **Símbolo de início**: A raiz da árvore de análise representa o símbolo de início da gramática.

2. **Nós internos**: Os nós internos representam símbolos não terminais e os seus filhos representam os símbolos derivados deles no processo de análise.

3. **Nós folha**: Os nós folha representam símbolos terminais ou produções de épsilon. Cada nó folha contém um símbolo terminal ou um épsilon (se aplicável).

4. **Ordenação dos filhos**: A ordem dos filhos de cada nó interno corresponde à ordem dos símbolos derivados do símbolo não-terminal correspondente nas regras de produção.

Utilizações:

Análise sintáctica: As árvores de análise são utilizadas na análise sintáctica (parsing) de cadeias de entrada para verificar se estão em conformidade com as regras gramaticais.

Construção de compiladores: As árvores de análise são utilizadas nos compiladores para representar a estrutura sintáctica dos programas, o que é essencial para as fases subsequentes de análise semântica e geração de código.

Depuração: As árvores de análise fornecem uma representação visual do processo de análise, ajudando na depuração e compreensão dos algoritmos de análise.

Compreensão da linguagem: As árvores de análise podem ser utilizadas para analisar a estrutura sintáctica das frases da linguagem natural, facilitando a compreensão da linguagem e as tarefas de processamento.

As árvores de análise são uma ferramenta valiosa na teoria da linguagem formal, na construção de compiladores e no processamento de linguagem natural, fornecendo informações sobre a estrutura hierárquica das cadeias de caracteres geradas por gramáticas livres de contexto.

4.3 Ambiguidade nas gramáticas

A ambiguidade nas gramáticas refere-se a uma situação em que uma única cadeia de caracteres na língua gerada pela gramática pode ter mais do que uma árvore de análise válida. Por outras palavras, existem várias formas de obter a mesma cadeia de caracteres utilizando as regras de produção da gramática. A ambiguidade pode levar a confusão na análise e interpretação do significado de frases ou programas, tornando-a uma preocupação significativa na conceção de linguagens e na construção de compiladores. Aqui está uma visão detalhada da ambiguidade nas gramáticas:

Tipos de ambiguidade:

1. **Ambiguidade sintáctica**:

o A ambiguidade sintáctica surge quando uma cadeia de caracteres na língua pode ser analisada em mais do que uma árvore de análise com base apenas na sintaxe da gramática.

o Exemplo: A frase ambígua "Eu vi o homem com o telescópio" pode ser interpretada como "Eu usei o telescópio para ver o homem" ou "Eu vi o homem que estava a segurar o telescópio".

2. **Ambiguidade semântica**:

o A ambiguidade semântica ocorre quando uma cadeia de caracteres tem várias árvores de análise e cada árvore de análise conduz a diferentes interpretações ou significados da cadeia de caracteres.

o Exemplo: A frase "o tempo voa como uma seta" pode ser interpretada como "o tempo passa rapidamente, da mesma forma que uma seta se move" ou "medir a velocidade das moscas da mesma forma que se mede a velocidade de uma seta".

Causas de ambiguidade:

1. **Sobreposição de regras de produção**:

o A ambiguidade pode surgir quando as regras de produção se sobrepõem, permitindo que a mesma cadeia seja derivada de várias formas.

o Exemplo: Considere-se a gramática S→ABS \rightarrow ABS→AB e S→BCS \rightarrow BCS→BC, em que A,B,CA, B, CA,B,C são não-terminais. A cadeia ababab pode ser derivada como S→AB→abS \rightarrow AB \rightarrow abS→AB→ab ou S→BC→abS \rightarrow BC \rightarrow abS→BC→ab, o que conduz a uma ambiguidade.

2. **Operadores ambíguos**:

o A ambiguidade pode ocorrer em gramáticas que envolvem operadores com múltiplas interpretações ou associatividade.

o Exemplo: A expressão aritmética 2×3+42 \times 3 + 42×3+4 pode ser interpretada como (2×3)+4(2 \times 3) + 4(2×3)+4 ou 2×(3+4)2 \times (3 + 4)2×(3+4), resultando em valores diferentes.

Consequências da ambiguidade:

1. **Dificuldade de análise**:

o As gramáticas ambíguas podem complicar o processo de análise, uma vez que os analisadores podem ter dificuldade em escolher a árvore de análise correta.

2. **Questões de interpretação**:

o A ambiguidade pode levar à confusão na interpretação do significado de frases ou programas, resultando potencialmente em erros ou comportamentos não intencionais.

3. **Desafios na construção de compiladores**:

o A ambiguidade coloca desafios na construção de compiladores, uma vez que estes devem resolver a ambiguidade para gerar código correto e eficiente.

Resolver a ambiguidade:

1. **Precedência e associatividade**:

o A atribuição de regras de precedência e associatividade aos operadores pode ajudar a resolver a ambiguidade nas gramáticas que envolvem operadores.

2. **Reestruturar a gramática**:

o A reestruturação da gramática para remover regras de produção sobrepostas ou introduzir regras de desambiguação pode eliminar a ambiguidade.

3. **Análise semântica**:

o A análise semântica das estruturas analisadas pode ajudar a desambiguar o significado das cadeias de caracteres com base no contexto ou em informações adicionais.

4.4 Simplificação de CFGs

A simplificação de gramáticas livres de contexto (CFGs) consiste em transformá-las em gramáticas equivalentes que são mais simples em termos de estrutura, preservando a linguagem que geram. As gramáticas simplificadas são frequentemente mais fáceis de trabalhar e analisar, levando a algoritmos de análise mais eficientes e a uma melhor compreensão das estruturas da linguagem. Aqui estão algumas técnicas comuns para simplificar CFGs:

Técnicas de simplificação de CFGs:

1. **Remoção de símbolos inúteis**:

o Os símbolos inúteis são não-terminais que não contribuem para gerar quaisquer cadeias de caracteres terminais na língua. Podem ser removidos da gramática.

o Os símbolos inúteis incluem os não-terminais que não podem ser alcançados a partir do símbolo inicial ou que não podem derivar quaisquer símbolos terminais.

o Algoritmicamente, é possível identificar e remover símbolos inúteis efectuando uma análise de acessibilidade e de generatividade na gramática.

2. **Eliminação de ε-Produções**:

o As ε-produções são regras de produção da forma A→εA \rightarrow \varepsilonA→ε, em que AAA é um símbolo não terminal. Permitem que os não-terminais derivem a cadeia vazia.

o A eliminação das produções ε implica:

1. Identificar os não-terminais anuláveis (aqueles que podem derivar ε).

2. Substituição de ε-produções por todas as combinações possíveis de não-terminais, exceto as anuláveis.

3. Ajustar outras regras de produção em conformidade.

o Este processo pode levar à introdução de novos não-terminais e regras de produção.

3. **Remoção das produções unitárias**:

o As produções unitárias são regras de produção da forma A→BA

\rightarrow BA→B, em que tanto AAA como BBB são símbolos não terminais. Representam derivações redundantes entre não terminais.

- o A remoção das produções unitárias implica a substituição de cada produção unitária por todas as regras de produção do não-terminal BBB.
- o Este processo pode levar à introdução de novos não-terminais e regras de produção.

4. **Eliminação da recursão à esquerda**:

- o A recursão à esquerda ocorre quando um não-terminal AAA pode derivar direta ou indiretamente uma cadeia que começa por si própria.
- o A recursão à esquerda pode ser eliminada transformando as regras de produção em recursivas à direita ou utilizando técnicas de factorização à esquerda.
- o A eliminação da recursão à esquerda ajuda a evitar loops infinitos durante a análise e simplifica a gramática para análise.

5. **Factorização de prefixos comuns**:

- o Os prefixos comuns nas regras de produção podem ser eliminados para reduzir a redundância e simplificar a gramática.
- o A factorização de prefixos comuns implica a introdução de novos não terminais para representar os prefixos partilhados e o ajustamento das regras de produção em conformidade.
- o Esta técnica ajuda a melhorar a eficiência dos algoritmos de análise e reduz o tamanho da gramática.

Vantagens dos CFGs simplificados:

1. **Melhoria da legibilidade**:

- o As gramáticas simplificadas são frequentemente mais fáceis de compreender e interpretar, o que as torna mais legíveis para os programadores e designers de linguagens.

2. **Análise eficiente**:

- o As gramáticas simplificadas podem conduzir a algoritmos de análise mais eficientes com menor complexidade temporal e espacial.

3. **Análise melhorada**:

- o As gramáticas simplificadas facilitam uma melhor análise das estruturas linguísticas, permitindo previsões e optimizações mais precisas na construção de compiladores e no processamento de linguagem natural.

4. **Facilidade de manutenção**:

- o As gramáticas simplificadas são normalmente mais fáceis de manter e modificar, reduzindo o esforço necessário para efetuar alterações às especificações da língua.

4.5 Formas normais (Chomsky e Greibach)

As formas normais de Chomsky e Greibach são formas padrão para gramáticas livres de contexto (CFGs) que simplificam as estruturas das gramáticas e facilitam a análise e a análise. Estas formas normais impõem restrições às regras de produção das CFGs para as tornar mais regulares e previsíveis. Aqui está uma visão geral das formas normais de Chomsky e Greibach:

Forma Normal de Chomsky (CNF):

Na Forma Normal de Chomsky (CNF), cada regra de produção de uma CFG tem uma das seguintes formas:

1. **A → BC**:

- Em que AAA, BBB e CCC são símbolos não terminais.
- Esta forma permite que os não-terminais derivem dois não-terminais.

2. **A → a**:

- Em que AAA é um símbolo não terminal e aaa é um símbolo terminal.
- Esta forma permite que os não-terminais derivem um único símbolo de terminal.

3. **S → ε**:

- Onde SSS é o símbolo de início e ε representa a cadeia vazia.
- Esta forma permite que o símbolo de início derive a cadeia vazia. As

principais caraterísticas do CNF são:

- Todas as regras de produção têm exatamente dois não-terminais (exceto o símbolo de início que deriva de ε).
- A gramática não tem produções unitárias (produções da forma A→BA → BA→B).
- A gramática não tem ε-produções (produções da forma A→εA → εA→ε).

Forma Normal de Greibach (GNF):

Na Forma Normal de Greibach (GNF), cada regra de produção de um CFG tem a seguinte forma:

1. **A → aα**:

- Em que AAA é um símbolo não-terminal, aaa é um símbolo terminal e ααα é uma cadeia de não-terminais.
- Esta forma permite que os não-terminais derivem um símbolo de

terminal seguido de uma cadeia de não-terminais.

A principal caraterística do GNF é:

- Todas as regras de produção têm um símbolo de terminal como o primeiro símbolo do lado direito.

Vantagens das formas normais:

1. **Estrutura simplificada**:

  - As formas normais simplificam a estrutura das CFGs, tornando-as mais fáceis de compreender e analisar.

2. **Análise eficiente**:

  - As formas normais facilitam algoritmos de análise mais eficientes, uma vez que impõem regularidade e previsibilidade às gramáticas.

3. **Ambiguidade reduzida**:

  - As formas normais ajudam a reduzir a ambiguidade nas CFGs, tornando o processo de análise mais fiável e preciso.

4. **Facilidade de conversão**:

  - As CFGs podem ser convertidas de e para formas normais utilizando algoritmos sistemáticos, garantindo a consistência e a correção do processo de transformação.

Conversão para formas normais:

1. **Conversão para a forma normal de Chomsky**:

  - Os algoritmos de conversão para CNF envolvem a eliminação de produções ε, produções unitárias e produções longas, e a introdução de novos não-terminais e terminais, conforme necessário.

2. **Conversão para a forma normal de Greibach**:

  - Os algoritmos de conversão para GNF envolvem a factorização à esquerda e a eliminação da recursão à esquerda para garantir que todas as regras de produção têm um símbolo terminal como o primeiro símbolo do lado direito.

4.6 Lema de bombeamento para linguagens livres de contexto

O lema de Pumping para linguagens livres de contexto é um resultado fundamental na teoria formal das linguagens, análogo ao lema de Pumping para linguagens regulares. Fornece uma condição sob a qual uma linguagem não é livre de contexto. Eis um resumo do lema de Pumping para as linguagens livres de contexto:

Declaração:

Para qualquer linguagem livre de contexto LLL, existe uma constante ppp (o "comprimento de bombagem") tal que qualquer cadeia sss em LLL com comprimento pelo menos ppp pode ser dividida em cinco partes: s=uvwxys = uvwxys=uvwxy, satisfazendo as seguintes condições

1. Para qualquer i≥0i \geq 0i≥0, a cadeia uviwxiyuv^iwx^iyuviwxiy também está em LLL.

2. |vwx|≤p|vwx| \leq p|vwx|≤p, implicando que vvv e xxx estão contidos nos primeiros caracteres ppp de sss.

3. |vx|>0|vx| > 0|vx|>0, o que significa que vvv e xxx não podem ser ambos vazios.

Interpretação:

O Lema de Bombeamento para Linguagens Livres de Contexto afirma que qualquer cadeia suficientemente longa sss numa linguagem livre de contexto pode ser "bombeada" através da repetição de uma subcadeia vvv ou xxx, mantendo-se na linguagem. Isto é possível devido à natureza não-determinística das gramáticas livres de contexto.

Aplicação:

Para provar que uma linguagem não é livre de contexto usando o Lema de Bombeamento, normalmente escolhe-se uma cadeia específica da linguagem e mostra-se que, independentemente da forma como se bombeia a cadeia, as cadeias resultantes não estão na linguagem, contradizendo assim as condições do Lema de Bombeamento.

Exemplo:

Considere-se a linguagem L={anbncn|n≥0}L = \{ a^nb^nc^n \mid n \geq 0 \}L={anbncn|n≥0}, que consiste em cadeias de caracteres da forma anbncna^nb^nc^nanbncn. Para provar que LLL não é livre de contexto usando o Lema de Bombeamento, escolhe-se uma cadeia s=apbpcps = a^pb^pc^ps=apbpcp onde ppp é o comprimento de bombeamento. Depois, de acordo com o Lema de Bombeamento, pode dividir sss em uvwxyuvwxyuvwxy de modo a que as condições do Lema de Bombeamento se mantenham. No entanto, independentemente da forma como bombear vvv e xxx, acabará com uma cadeia que não está em LLL, provando assim que LLL não é livre de contexto.

Notas:

- O Lema de Bombeamento para Linguagens Livres de Contexto é uma condição necessária, mas não suficiente, para que uma linguagem seja livre de contexto.
- O facto de uma língua não satisfazer as condições do Lema de Bombeamento não significa necessariamente que não seja livre de contexto.
- O Lema de Bombeamento é uma ferramenta poderosa para provar a não-

liberdade de contexto das linguagens, mas não pode ser usado para provar que uma linguagem é livre de contexto.

A compreensão e aplicação do Lema de Bombeamento para Linguagens Livres de Contexto é essencial na teoria formal das linguagens, particularmente para provar a não-contextualidade das linguagens, o que tem implicações na conceção de compiladores, algoritmos de análise e ciência da computação teórica.

Referências:

Livro:

13. "Introdução à Teoria da Computação" de Michael Sipser

14. "Automata Theory, Languages, and Computation" de John E. Hopcroft, Rajeev Motwani e Jeffrey D. Ullman

15. "Teoria da Computação" de Dexter C. Kozen

16. "Elements of the Theory of Computation" de Harry R. Lewis e Christos H. Papadimitriou

Sítios Web:

7. MIT OpenCourseWare (OCW)

8. Coursera

Capítulo 5: Autómatos pushdown

5.1 Definição e exemplos

Um autómato pushdown (PDA) é um tipo de autómato na ciência teórica da computação que alarga as capacidades dos autómatos finitos adicionando uma pilha ou um armazenamento pushdown. Os PDAs são utilizados para reconhecer linguagens livres de contexto e são um conceito fundamental na teoria da linguagem formal. Eis a definição e exemplos de autómatos pushdown:

Definição:

Um autómato pushdown é definido por uma 6-tupla (Q,Σ,Γ,δ,q0,F)(Q,
\ S i g m a ,
\Gamma, \delta, q_0, F)(Q,Σ,Γ,δ,q0,F), em que:

- QQQ é um conjunto finito de estados.
- Σ\SigmaΣ é um conjunto finito de símbolos de entrada (o alfabeto).
- Γ\GammaΓ é um conjunto finito de símbolos de pilha.
- δ\deltaδ é a função de transição que mapeia Q×(Σ∪{ε})×ΓQ \times (\Sigma \cup \{\varepsilon\}) \times \GammaQ×(Σ∪{ε})×Γ para 2Q×Γ∗2^{Q \times \Gamma^*}2Q×Γ∗, onde ε\varepsilonε representa uma cadeia vazia e Γ∗\Gamma^*Γ∗ representa o conjunto de todas as cadeias sobre Γ\GammaΓ.
- q0q_0q0 é o estado inicial.
- FFF é um conjunto de estados de aceitação.

Funcionamento:

Um autómato pushdown funciona da seguinte forma:

1. Começa no estado inicial q0q_0q0 com uma pilha vazia.
2. Lê os símbolos de entrada da cadeia de entrada, um de cada vez.
3. Com base no estado atual, no símbolo de entrada e no símbolo do topo da pilha, o autómato faz a transição para um novo estado e, opcionalmente, modifica a pilha.
4. O autómato aceita a cadeia de entrada se atingir um estado de aceitação e esvaziar a pilha; caso contrário, rejeita a cadeia de entrada.

Exemplo:

Consideremos um autómato pushdown que reconhece a linguagem
L={anbn∣n≥0}L
= \{a^nb^n \mid n \geq 0\}L={anbn∣n≥0}, onde o número de aaa's é igual ao número de bbb's.

Autómato Pushdown para LLL:

- Q={q0,q1,q2}Q = \{q_0, q_1, q_2\}Q={q0,q1,q2} (estados)
- Σ={a,b}\Sigma = \{a, b\}Σ={a,b} (alfabeto de entrada)
- Γ={$,X}\Gama = \{\$, X\}Γ={$,X} (alfabeto da pilha, onde $ é o marcador do fundo da pilha)
- q0q_0q0 é o estado inicial.
- q2q_2q2 é o único estado de aceitação.
- A função de transição δ\deltaδ é definida do seguinte modo
  - δ (q0,a,ε)={(q0,X$)}\delta(q_0, a, \varepsilon) = \{(q_0, X\$)\}δ(q0 ,a,ε)={(q0,X$)} (empurra X para a pilha quando lê um aaa)
  - δ(q0,b,X)={(q1,ε)}\delta(q_0, b, X) = \{(q_1, \varepsilon)\}δ(q0 ,b,X)={(q1,ε)} (retirar X da pilha ao ler um bbb)
  - δ(q1,b,X)={(q1,ε)}\delta(q_1, b, X) = \{(q_1, \varepsilon)\}δ(q1 ,b,X)={(q1,ε)} (continuar a acrescentar X para cada bbb)
  - δ (q1,ε,$)={(q2,ε)}\delta(q_1, \varepsilon, \$) = \{(q_2, \varepsilon)\}δ(q1,ε,$)={(q2,ε)} (aceita quando chega ao fim da cadeia de entrada e a pilha está vazia)

Funcionalidade:

Este autómato pushdown processa a cadeia de entrada colocando X na pilha por cada aaa encontrado e retirando X por cada bbb. Se a string de entrada contiver o mesmo número de aaa's e bbb's, a pilha estará vazia no final da string e o autómato aceitará a entrada. Caso contrário, rejeita a cadeia de entrada.

Os autómatos pushdown desempenham um papel crucial no reconhecimento de linguagens livres de contexto e são utilizados em várias áreas da ciência da computação, incluindo a conceção de compiladores, algoritmos de análise e teoria da linguagem formal.

5.2 Autómatos de empurrar determinísticos (DPDA)

Um autómato pushdown determinístico (DPDA) é uma variação de um autómato pushdown (PDA) em que a função de transição é determinística, o que significa que, para cada combinação de estado atual, símbolo de entrada e símbolo do topo da pilha, existe no máximo uma transição possível. O DPDA estende o conceito de autómatos finitos determinísticos (DFA) para lidar com linguagens livres de contexto. Aqui está uma explicação detalhada dos autómatos pushdown determinísticos:

Definição:

Um autómato pushdown determinístico é definido por uma 6-tupla (Q,Σ,Γ,δ,q0,F)(Q,
\Sigma, \Gamma, \delta, q_0, F)(Q,Σ,Γ,δ,q0,F), em que:

- QQQ é um conjunto finito de estados.
- Σ\SigmaΣ é um conjunto finito de símbolos de entrada (o alfabeto).
- Γ\GammaΓ é um conjunto finito de símbolos de pilha.
- δ\deltaδ é a função de transição determinística que mapeia Q×Σ×ΓQ \times \Sigma \times \GammaQ×Σ×Γ para Q×Γ∗Q \times \Gamma^*Q×Γ∗, onde Γ∗\Gamma^*Γ∗ representa o conjunto de todas as cadeias de caracteres sobre Γ\GammaΓ.
- q0q_0q0 é o estado inicial.
- FFF é um conjunto de estados de aceitação.

Funcionamento:

Um autómato pushdown determinístico funciona de forma semelhante a um autómato pushdown não determinístico (PDA), mas com transições determinísticas:

1. Começa no estado inicial q0q_0q0 com uma pilha vazia.
2. Lê os símbolos de entrada da cadeia de entrada, um de cada vez.
3. Com base no estado atual, no símbolo de entrada e no símbolo do topo da pilha, o autómato transita deterministicamente para um novo estado e, opcionalmente, modifica a pilha.
4. O autómato aceita a cadeia de entrada se atingir um estado de aceitação e esvaziar a pilha; caso contrário, rejeita a cadeia de entrada.

Exemplo:

Considere-se um autómato pushdown determinístico que reconhece a linguagem L={anbn∣n≥0}L = \{a^nb^n \mid n \geq 0\}L={anbn∣n≥0}, em que o número de aaa's é igual ao número de bbb's.

DPDA para LLL:

- Q={q0,q1,q2}Q = \{q_0, q_1, q_2\}Q={q0,q1,q2} (estados)
- Σ={a,b}\Sigma = \{a, b\}Σ={a,b} (alfabeto de entrada)
- Γ={$,X}\Gama = \{\$, X\}Γ={$,X} (alfabeto da pilha, onde $ é o marcador do fundo da pilha)
- q0q_0q0 é o estado inicial.

- q2q_2q2 é o único estado de aceitação.
- A função de transição δ\deltaδ é determinística:
  - δ(q0,a,ε)=(q0,X$)\delta(q_0, a, \varepsilon) = (q_0, X\$)δ(q0,a,ε)=(q0,X$) (colocar X na pilha quando se lê um aaa)
  - δ(q0,b,X)=(q1,ε)\delta(q_0, b, X) = (q_1, \varepsilon)δ(q0,b,X)=(q1,ε) (retirar X da pilha ao ler um bbb)
  - δ(q1,b,X)=(q1,ε)\delta(q_1, b, X) = (q_1, \varepsilon)δ(q1,b,X)=(q1,ε) (continuar a abrir X para cada bbb)
  - δ(q1,ε,$)=(q2,ε)\delta(q_1, \varepsilon, \$) = (q_2, \varepsilon)δ(q1,ε,$)=(q2,ε) (aceita quando chega ao fim da cadeia de entrada e a pilha está vazia)

Funcionalidade:

Este DPDA reconhece cadeias de caracteres da forma anbna^nb^nanbn colocando X na pilha por cada aaa encontrado e retirando X por cada bbb. Se a cadeia de entrada contiver o mesmo número de aaa's e bbb's, a pilha estará vazia no final da cadeia, e o autómato aceitará a entrada. Caso contrário, rejeita a cadeia de entrada.

Os autómatos pushdown determinísticos são ferramentas poderosas para o reconhecimento de linguagens livres de contexto e são utilizados em várias aplicações, incluindo algoritmos de análise, conceção de compiladores e teoria formal das linguagens. O seu determinismo permite um comportamento mais simples e mais previsível em comparação com os autómatos pushdown não determinísticos.

5.3 Equivalência de PDAs e CFGs

A equivalência entre autómatos pushdown (PDAs) e gramáticas livres de contexto (CFGs) é um resultado fundamental na teoria da linguagem formal. Afirma que, para cada linguagem livre de contexto, existe um autómato pushdown que a reconhece, e vice-versa. Esta equivalência permite compreender a natureza das linguagens livres de contexto e as capacidades dos autómatos pushdown. Aqui está uma explicação detalhada da equivalência entre PDAs e CFGs:

Equivalência de PDAs a CFGs:

Dado um autómato pushdown PPP, podemos construir uma gramática livre de contexto GGG tal que L(P)=L(G)L(P) = L(G)L(P)=L(G), em que L(P)L(P)L(P) é a a língua reconhecida por PPP e L(G)L(G)L(G) é a língua gerada por GGG.

A construção envolve as seguintes etapas:

1. Para cada estado qqq em PPP, introduzir um símbolo não terminal AqA_qAq em GGG.

2. Para cada transição δ(q,a,X)=(p,α)\delta(q, a, X) = (p,
\alpha)δ(q,a,X)=(p,α) em PPP, acrescentar uma regra de produção Aq→aApXαA_q
\rightarrow aA_pX\alphaAq→aApXα em GGG.

3. Para cada estado aceitante qfq_fqf em PPP, acrescentar uma regra de produção Aqf→εA_{q_f} \rightarrow \varepsilonAqf→ε em GGG, onde ε\varepsilonε é a cadeia vazia.

Esta construção garante que a linguagem gerada pela gramática livre de contexto GGG corresponde à linguagem reconhecida pelo autómato pushdown PPP.

Equivalência de CFGs a PDAs:

Dada uma gramática livre de contexto GGG, podemos construir um autómato pushdown PPP tal que L(P)=L(G)L(P) = L(G)L(P)=L(G).

A construção envolve as seguintes etapas:

1. Seja QQQ o conjunto de símbolos não terminais em GGG (exceto o símbolo de início).

2. Construir um autómato pushdown PPP com os estados Q∪{qaccept,qreject}Q
\cup \{q_{\text{accept}}, q_{\text{reject}}\}Q∪{qaccept,qreject}, em que qacceptq_{\text{accept}}qaccept é o estado de aceitação e qrejectq_{\text{reject}}qreject é o estado de rejeição.

3. Para cada regra de produção A→αA \rightarrow \alphaA→α em GGG, acrescentar uma transição δ (q,ε,A)=(q′,α)\delta(q, \varepsilon, A) = (q ', \alpha)δ(q,ε,A)=(q′,α) para todo q,q′∈Qq, q' \em Qq,q′∈Q a PPP.

4. Acrescentar as transições δ(q′,ε,ε)=(qaccept,ε)\delta(q', \varepsilon, \varepsilon) = (q_{\text{accept}}, \varepsilon)δ(q′,ε,ε)=(qaccept,ε) para cada q′q'q′ correspondente aos estados aceitantes em GGG.

5. Assegurar que o PPP aceita uma pilha vazia.

Esta construção garante que a linguagem reconhecida pelo autómato pushdown PPP corresponde à linguagem gerada pela gramática livre de contexto GGG.

Conclusão:

A equivalência entre autómatos pushdown e gramáticas livres de contexto demonstra a estreita relação entre os dois formalismos. Permite-nos estudar as linguagens livres de contexto a partir de diferentes perspectivas e fornece informações sobre as suas propriedades inerentes e capacidades computacionais. Esta equivalência é fundamental na teoria formal das linguagens e tem implicações práticas em várias áreas da informática, incluindo a conceção de compiladores, algoritmos de análise e sistemas de processamento de linguagens.

5.4 Aplicações dos autómatos pushdown

Os autómatos pushdown (PDA) encontram aplicações em várias áreas da informática e domínios conexos devido à sua capacidade de reconhecer linguagens livres de contexto. Algumas aplicações comuns dos autómatos pushdown incluem:

1. **Conceção e análise de compiladores**:

o Os PDAs são amplamente utilizados na construção de compiladores para analisar as estruturas sintácticas das linguagens de programação.

o Técnicas como a análise por descida recursiva e a análise LR baseiam-se na teoria dos autómatos pushdown.

2. **Processamento de linguagem de programação**:

o Os PDAs são utilizados em interpretadores e compiladores de linguagens de programação para analisar e interpretar o código do programa, garantindo a correção sintáctica.

o São cruciais nas fases de análise lexical, análise sintáctica e análise semântica da compilação.

3. **Análise de XML e HTML**:

o Os PDAs são utilizados em analisadores XML e HTML para validar e analisar estruturas de documentos.

o Os documentos XML e HTML têm gramáticas livres de contexto, o que torna os autómatos pushdown adequados para os analisar.

4. **Processamento de linguagem natural**:

o Os PDAs desempenham um papel importante nas tarefas de processamento da linguagem natural, como a análise de frases e de estruturas gramaticais em aplicações linguísticas.

o São utilizados na análise sintáctica de frases para identificar estruturas gramaticais e árvores de análise.

5. **Processamento de consultas a bases de dados**:

o Os PDAs são utilizados no processamento de consultas e na análise de linguagens de consulta de bases de dados.

o As linguagens de consulta de bases de dados, como a SQL, têm gramáticas livres de contexto, o que torna os autómatos pushdown aplicáveis à análise de consultas.

6. **Correspondência de cadeias de caracteres e reconhecimento de padrões**:

- Os PDAs são utilizados em algoritmos de correspondência de cadeias de caracteres e em sistemas de reconhecimento de padrões.
- Podem reconhecer padrões que são descritos por gramáticas livres de contexto, o que os torna adequados para a análise e correspondência de padrões complexos.

7. **Análise e verificação de protocolos**:

- Os PDAs são utilizados na análise e verificação de protocolos para modelar e analisar protocolos de comunicação.
- Podem verificar se as sequências de mensagens cumprem as regras de protocolo especificadas, descritas por gramáticas livres de contexto.

8. **Robótica e IA**:

- Na robótica e na inteligência artificial, os PDA podem ser utilizados no planeamento e execução de tarefas, reconhecendo e interpretando sequências ou planos de ação complexos descritos por linguagens livres de contexto.

9. **Análise de sequências biológicas**:

- Os PDAs têm aplicações na análise de sequências biológicas, como a análise da sequência de ADN e a previsão da estrutura de ARN.
- Podem ser utilizados para modelar e analisar sequências biológicas descritas por gramáticas livres de contexto.

10. **Prova automatizada de teoremas**:

- Os PDAs podem ser aplicados em sistemas automatizados de prova de teoremas para verificar declarações lógicas e provas descritas por linguagens livres de contexto.

Referências:

Livro:

17. "Introdução à Teoria da Computação" de Michael Sipser

18. "Automata Theory, Languages, and Computation" de John E. Hopcroft, Rajeev Motwani e Jeffrey D. Ullman

19. "Teoria da Computação" de Dexter C. Kozen

20. "Elements of the Theory of Computation" de Harry R. Lewis e Christos H. Papadimitriou

Sítios Web:

9. MIT OpenCourseWare (OCW)

10. Coursera

MIX
Papier aus verantwortungsvollen Quellen
Paper from responsible sources
FSC® C105338

Printed by Books on Demand GmbH, Norderstedt / Germany